Johannes Wilhelm Eßer

Die Migration von IPv4 auf IPv6 – brauchbare Alternativ

Johannes Wilhelm Eßer

Die Migration von Ipv4 auf Ipv6 – brauchbare Alternative oder erforderlicher Wandel?

GRIN Verlag

Bibliografische Information der Deutschen Nationalbibliothek: Die Deutsche Bibliothek
verzeichnet diese Publikation in der Deutschen Nationalbibliografie; detaillierte bibliografische Daten sind im Internet über http://dnb.d-nb.de/ abrufbar.

1. Auflage 2009
Copyright © 2009 GRIN Verlag
http://www.grin.com/
Druck und Bindung: Books on Demand GmbH, Norderstedt Germany
ISBN 978-3-640-44530-1

FOM – Fachhochschule für Ökonomie & Management
Düsseldorf

Berufsbegleitender Studiengang zum
Diplom-Wirtschaftsinformatiker (FH)
6. Semester

Seminararbeit im Hauptfach
Betriebsinformatik III

Die Migration von IPv4 auf IPv6 – brauchbare Alternative oder erforderlicher Wandel?

Autor: Johannes Wilhelm Eßer

Düsseldorf, den 28.6.2009

A

Inhaltsverzeichnis:

1. Einleitung

Die Welt befindet sich wieder einmal in einem radikalen Wandel. Nachdem Ende des 18. Jahrhunderts mechanische Systeme, wie die Dampfmaschine, die industrielle Revolution einleiteten, über die Einführung arbeitsteilig organisierter Produktionsformen im 19. Jahrhundert bis hin zur Etablierung postindustrieller Dienstleistungsgesellschaften lautet die Leitlinie seit Ende des letzten Jahrhunderts weltweite Vernetzung und Digitalisierung.

Sowohl bei dem privaten Nutzer als auch bei Unternehmen nimmt der Bedarf an Informations- und Datenaustausch immer neue Ausmaße an. Das Abrufen von Geschäftsständen oder kritischen Unternehmensinhalten weltweit mittels eines Mausklicks ist ebenso zur Selbstverständlichkeit geworden wie die Möglichkeit, Freunden und Bekannten binnen Sekunden persönliche Nachrichten zukommen zu lassen oder am heimischen PC Inhalte unterschiedlichster Art des World Wide Webs zu beziehen. Wesentliches Fundament dieser Entwicklung zur Informationsgesellschaft ist das Internet.

Dieses basiert in seiner bisher gebräuchlichsten Form auf dem Internet-Protokoll Version 4 (IPv4) von 1981 und hat bisher keine grundlegenden Änderungen erfahren. Branchenkenner sehen in Anbetracht der Tatsache, dass das Internet stetig neue Aufgabenfelder übernimmt und neue Verwendungsmöglichkeiten bereitstellt, das Internet in seiner bisherigen Beschaffenheit an den Grenzen seiner Kapazität und funktionalen Möglichkeiten angekommen. Daher wird die Migration des Systems von IPv4 auf das Internet-Protokoll Version 6 (IPv6) angestrebt.

Diese Arbeit soll im Folgenden sowohl die wesentlichen Veränderungen zwischen den Protokollen darstellen als auch mögliche Varianten einer technischen Umstellung aufzeigen. Zudem setzt sie sich kritisch mit der Frage auseinander, ob es sich bei der neuen Version um eine lohnenswerte Verbesserung handelt, die dem entstehenden Kostenaufwand einer Wandlung gerecht wird. Ferner wird untersucht, ob es angesichts eines andauernden exponentiellen Wachstums des Internets in Hinsicht auf einen drohenden Kapazitätskollaps überhaupt möglich wäre, auf eine Umstellung auf IPv6 zu verzichten.

2. Das Internet – Zeitalter digitaler Vernetzung

Seit seiner Einführung 1969 als Advanced Research Projects Agency Network (ARPAnet) hat das heutige Internet einen umfangreichen Wandel unterlaufen. Das ARPAnet diente einst zur Vernetzung der vier größten zivilen amerikanischen Forschungseinrichtungen. Als es um das in die Programmiersprache C umgeschriebene Betriebssystem UNIX ergänzt wurde, waren der Entwicklung von Kommunikationsanwendungen und Protokollen wie dem IPv4 keine Grenzen mehr gesetzt.[1]

Das Internet hat seinen ehemals sehr überschaubaren Nutzerkreis in den letzten Jahrzehnten exorbitant vergrößert. Dem allgemeinen Trend nach Fortschritt und Wachstum folgend, steigt seit Mitte der Neunzigerjahre der Zustrom auf das World Wide Web stetig an und wird nach Aussagen von Fachleuten wie dem Professor für Informatik an der Universität Amsterdam Andrew S. Tannenbaum zukünftig von einer noch sehr viel größeren Gruppe von Menschen genutzt werden.[2]

Gegenwärtig verbindet es bereits Milliarden von Privatleuten, unzählige Unternehmen, Organisationen unterschiedlichster Art sowie öffentliche Einrichtungen. Schon lange steht hierbei nicht mehr nur der reine Nachrichtenaustausch im Vordergrund. Das Internet hat sich vor allem in den letzten zwanzig Jahren als Marketing- und Vertriebsinstrument etabliert, das klassischen Absatzformen zunehmend Konkurrenz macht, des Weiteren als verlässliches Mittel zum Austausch von kritischen Unternehmensdaten über unbegrenzte Distanzen, z. B. bei Anwendung von Enterprise-Resource-Planning-Produkten wie dem SAP R3.

Auch hat sich das Internet mittlerweile über den PC als typisches Zugriffsinstrument hinausentwickelt. Unlängst findet es beispielsweise Anwendung in Mobiltelefonen oder Entertainmentsystemen von Automobilien. Hierbei werden laut Tannenbaum die einzelnen Zugriffsformen langfristig ineinander übergehen. Die Computer-, Kommunikations- und Unterhaltungsbranchen werden miteinander verschmelzen. So könnte schlussendlich jeder Fernseher der Welt künftig einen Internetknoten darstellen.

---

[1] Vgl. Haaß (1997), S. 1 ff.
[2] Vgl. Tannenbaum (1998), S. 467

2.1. Zukünftige Verwendungsfelder

In den kommenden Jahren wird die Zahl der Internetnutzer aber nicht nur aufgrund der wachsenden Verfügbarkeit von Netzanschlüssen in Schwellenländern wie China oder Indien immens zunehmen. Diese werden vorrangig von den bereits bewährten Funktionen des Internets Gebrauch machen. Hinzu kommen komplett neue IT-Systeme, die bisher noch mit Zurückhaltung in Anspruch genommen werden. Allem voran ist das Cloud-Computing zu nennen.

Das Konzept besteht darin, die eigentlichen Rechenkapazitäten des PC am Arbeitsplatz oder im privaten Bereich auf externe Dienstleister auszulagern, bei dem die Verarbeitung der Daten erfolgt. Als Medium zur Datenübertragung wird hier auf das Internet zurückgegriffen. Ferner erfreuen sich bedarfsgerechte Vermarktungskonzepte wie das Video-on-Demand wachsender Beliebtheit. Die wachsende Implementierung dieser Anwendungen wird künftig für ein explosives Bedarfswachstum an Netzkapazität sorgen.[3]

2.2. IPv4 – Internet Protocol Version 4

Das Internet Protocol in seiner verbreitetsten Form, der Version 4, wurde 1981 von Jon Postel erschaffen. Es bildet eine der wesentlichen technischen Grundlagen des Internets und war das erste Protokoll seiner Art, das weltweit eingesetzt wurde.

IPv4 verwendet ein 32-Bit-Adressformat und ermöglicht deshalb maximal 4.294.967.296 eindeutige Adressen. Zu Beginn der 90er-Jahre des vergangenen Jahrhunderts waren die Begründer des Protokolls der Auffassung, hiermit einen mehr als ausreichenden Adressraum geschaffen zu haben. Doch das explosive Wachstum des Internets in den vergangenen Jahrzehnten sowie die Tatsache, dass nur ein Bruchteil der verfügbaren Adressen für den privaten Bereich zugänglich ist, haben schon jetzt für einen akuten Mangel an frei verbliebenen Netzadressen gesorgt. So besitzt aufgrund ungleichmäßiger Vergabepraktiken z. B. die Volksrepublik China einen ihr zugewiesenen Adressraum, der so groß ist wie derjenige der Universität Berkeley.[4]

---

[3] Vgl. Amoss, Minoli (2007), S. 1 ff.
[4] Vgl. Loshin (2004), S. 19 ff.

Das Internet System Consortium schätzt, dass die Internet Assigned Numbers Authority (IANA) die letzten IP-Adressen 2011 an die Regional Internet Registries vergeben wird, und geht von einem derzeitigen Restbestand von ca. 500 Millionen IP-Adressen aus. Abbildung I stellt das Verhältnis belegter Adressen zu den restlichen freien Kapazitäten nochmals grafisch gegenüber und gibt zudem einen Ausblick auf zukünftig zu erwartende Entwicklungen im Bereich des IPv4-Adressraums.[5]

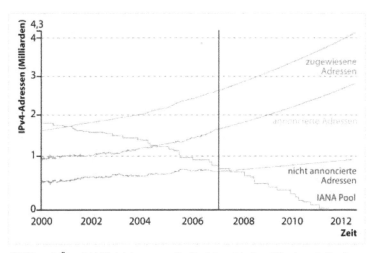

Abbildung I: Übersicht IPv4-Adressraum, Quelle: Internet Assigned Numbers Authority

2.2.1. Grundlagen und Funktionalität

IPv4-Adressen werden dezimal wiedergegeben und sind in vier Blöcke unterteilt, z. B. 192.168.0.25 (IP-Adresse). Es werden pro Block acht Bit zusammengefasst, woraus sich jeweils ein Wertebereich von 0-255 ergibt. Ferner erfolgt eine Aufteilung der Adresse in einen Host- und Netzwerkteil. Um verschiedenen Rechnern die Kommunikation untereinander zu ermöglichen, muss ihr Netzwerkteil identisch sein. Eine doppelte Vergabe von Host-Adressen im selben Netz ist unzulässig. Ein Datenaustausch zwischen verschiedenen Netzen wird von einem Router ermöglicht.

Seine volle Funktionalität erhält IPv4 als geroutetes Protokoll aber erst, wenn je nach beabsichtigtem Verwendungszweck zusätzliche Protokolle höherer Schichten aufgesetzt werden. Der Datenteil des IP-Pakets enthält folglich nicht nur den Header und die

---

[5] Vgl. Amoss, Minoli (2007), S. 6 ff.

eigentlichen Daten, sondern auch Trailer der Zusatzprotokolle. Ein Beispiel für Protokolle, die regelmäßig mit dem IPv4 verwandt werden, ist das Transmission Control Protocol (TCP) zur Gewährleistung eines byteorientierten und bidirektionalen Datenstroms oder das User Datagramm Protocol (UDP), das den paketorientierten Datenaustausch um eine mitgesandte Prüfsumme ergänzt zwecks höherer Zuverlässigkeit.[6]

2.2.2. Schwachstellen und Defizite

Doch nicht nur der zur Neige gehende Restbestand verfügbarer IP-Adressen lässt das IPv4 für die moderne Datenfernübertragung überholt erscheinen. Den in den letzten Jahrzehnten angestiegenen Anforderungen steht hiermit ein Protokoll gegenüber, das seit 1981 keine wesentlichen Modifikationen erfahren hat. Dies zeigt sich vor allem in dem Bestreben, ein höheres Maß an Sicherheit zu erzeugen, wie auch der Umsetzung einer verbesserten Übertragung von Daten in Echtzeit.

Um der Adressraumproblematik zumindest temporär begegnen zu können, bedient man sich zuweilen eines Übersetzers für Netzwerkadressen. Dieser ermöglicht es, mehrere private Nutzer einer einzelnen IP-Adresse zuordnen zu können. Network Address Translator (NAT) fördern damit zwar die Wiederverwendbarkeit des privaten Adressbereiches, können aber die richtige Zuordnung der Protokolle höherer Schichten gewährleisten. Als Folge hieraus kann es zu Verbindungsproblemen zwischen Organisationen des privaten Adressbereiches kommen. Obwohl diese Vorgehensweise aufgrund der genannten Unzulänglichkeiten nur als Notlösung betrachtet werden kann, ist sie vor allem in Ostasien gebräuchlich. Einem vergleichsweise deutlich höheren Bevölkerungsteil gegenüber den westlichen Ländern stehen hier lediglich ca. 500 Millionen IP-Adressen zur Verfügung.[7]

Die erwähnten Defizite im Bereich der Sicherheit auf IP-Ebene bedingen sich durch das Fehlen eines verbindlichen Verschlüsselungsstandards. Als öffentliches Medium der Datenübertragung für private Nutzer ist ein solcher aber zwingend notwendig, um Datenabfluss an Unbefugte verlässlich zu unterbinden. Das bisher verwandte Internet

---

[6] http://www7.informatik.uni-erlangen.de/~ksjh/teaching/03S/IPv6/pdf/Vortraege/GrundlagenIPv4-Ausarbeitung.pdf, Stand: 1.6.2009
[7] Vgl. Loshin (2004), S. 21 ff.

Protocol Security ist lediglich optional, weswegen herstellereigene Lösungen überwiegen.

Da moderne Internetdienste wie Video-on-Demand bzw. Online-Gaming im privaten Bereich oder auch Management-Support-Systeme im Falle von Unternehmen zunehmend auf Echtzeitdatenübertragung zurückgreifen, wird in diesem Kontext verstärkt der Fokus auf QoS-Standards (Quality of Service) gelegt, um eine gleichbleibende Performance zu garantieren. Mit dem IPv4-Feld TOS (Type of Service) ist dies zwar bereits möglich, jedoch verfügt es nur über wenige Funktionen und kann unterschiedlich ausgelegt werden. Zudem beruht der Datenverkehr in Echtzeit in der Regel auf einem UDP- oder TCP-Anschluss. In diesem Fall ist allerdings die zwingend notwendige Identifizierung der Nutzlast nicht möglich, wenn das IPv4-Paket verschlüsselt ist. Auch sind aktuelle IPv4-Implementierungen bisher mit dem Nachteil behaftet, entweder manuell konfiguriert werden zu müssen oder die Verwendung einer statusbehafteten Adresskonfiguration wie DHCP (Dynamic Host Configuration Protocol) ist vonnöten. Aufgrund der zunehmenden Typenvielfalt an Endgeräten, die über einen Internetzugang verfügen und folglich mit IP ausgestattet sind, besteht eine zunehmende Nachfrage nach einer vereinfachten Konfiguration in Form eines automatisierten Verfahrens ohne DHCP-Infrastruktur.[8]

Um die Unzulänglichkeiten des in die Jahre gekommenen IPv4 dauerhaft zu beseitigen, begann die IETF (Internet Engineering Task Force) 1995 mit der Entwicklung einer Folge von verbesserten Protokollen und Standards, die als „IP-The Next Generation (IPng)" bezeichnet wurde. Diese erhielt später die offizielle Bezeichnung IPv6. Die wirtschaftliche Motivation hinter der Entwicklung von IPv6 wird anhand von Abbildung II verdeutlicht, auf der die zukünftigen Verwendungsfelder des IPv6 aus Sicht der österreichischen Telekom dargestellt werden. Es zeigt sich, dass IPv6 ein breites Spektrum an neuen Möglichkeiten offeriert, mittels denen sowohl die bestehenden Dienste beschleunigt als auch die überdehnten Strukturen entlastet werden. Zudem ergeben sich völlig neue Ansätze bei der Unterstützung mobiler Geräte, auf die später näher eingegangen werden soll.[9]

[8] Vgl. Hagen (2006), S. 5 ff.
[9] Vgl. Mun, Lee (2005), S. 2 ff.

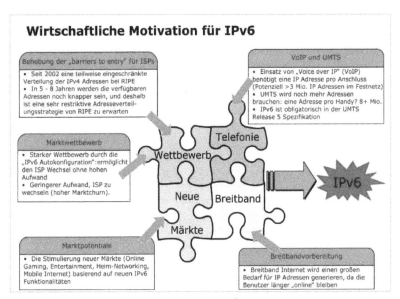

Abbildung II: Verwendungsfelder des IPv6 der Telekom Österreich, Quelle: Telekom Austria

3. IPv6 – Internet im 21. Jahrhundert

Wesentlichste Neuerung des IPv6 ist der erweiterte Adressraum von 32 Bit auf 128 Bit. Die Adresslänge wächst auf 16 Byte an und erlaubt somit eine Vergabe von 3,4 x 10^{38} eindeutigen IP-Adressen. Die Zunahme an verwendbarem Adressraum gegenüber IPv4 ist dabei mehr als groß genug, um nicht nur bisherige Notlösungen wie die Verwendung von NAT-Geräten obsolet werden zu lassen, sondern bietet auch für die kommenden Jahrzehnte einen umfangreichen Puffer für weiteres zu erwartendes Wachstum von Internetdiensten. Hiermit trägt IPv6 zur allgemeinen Flexibilisierung des Internetadressraumes bei. Der Adressbereich ist dabei so konzipiert, dass in den einzelnen Netzen einer Organisation auch mehrere Ebenen mit Subnetzen und Adresszuweisungen vom Internetbackbone unterstützt werden.[10]

Weitere erforderliche Modifikationen des Protokolls betreffen die Verbesserung des Datendurchsatzes. Dem wird zum einen durch eine Vereinfachung des Headers

---

[10] Vgl. Wiese (2002), S. 46 ff.

Rechnung getragen. Gegenüber IPv4 verfügt dieser nur noch über sieben statt dreizehn Feldern und erlaubt Routern damit die schnellere Abfertigung der einzelnen Pakete. Zum anderen sind vormals zwingende Felder des Headers nun optional. Dies ist ein Beispiel für die verbesserte Unterstützung von Optionen in IPv6 und soll ebenfalls den Datendurchsatz fördern. Komplettiert werden diese Änderungen durch eine Anpassung der Header-Länge. Ein Zählen der Nutzdaten eines jeden Headers wie bei IPv4 ist nun nicht mehr nötig, da eine Payload-Länge eingeführt wurde, die für jeden Header eine Länge von 40 Byte sicherstellt.[11]

IPv6 soll hierdurch im Rahmen seiner aufbereiteten Strukturen im Headerbereich eine bessere technische Basis für das Internetangebot des 21. Jahrhunderts bieten, das sich durch die zunehmende Verwendung von Breitbandanschlüssen für Multimediainhalte auszeichnet. Der Wechsel auf den 128-Bit-Adressraum bringt einen weiteren Vorteil mit sich: Bisher wurde an jeden Internetnutzer bei jedem neuen Einwahlverfahren eine zufällig ausgewählte Adresse vergeben. Dieses Verfahren sollte jede generierbare Adresse mehreren Providerkunden zugänglich machen und für Entlastung des Adressraumes sorgen. Eine Vergabestrategie, die in einer Zeit erarbeitet wurde, als Flatrate-Tarife und 24/7-Betrieb von Heim-PCs, z. B. als privater Server, noch nicht an der Tagesordnung waren.[12]

3.1. Vorteile bei mobilen Geräten

IPv6 macht durch seinen nahezu endlosen Adressraum die rotierende Vergabe von IP-Adressen überflüssig. Damit ergibt sich eine völlig neue Definition der Internetadresse. Diese wäre im Falle von IPv6 nicht mehr nur das Aushängeschild für eine zeitlich befristete Internetsitzung, sondern würde jedem Nutzer seine eigene dauerhafte und eindeutige IP-Adresse ermöglichen. Weil hiermit die Identifikation der Adressinhaber für Dritte drastisch erleichtert würde, ergeben sich datenschutztechnische Bedenken, die später näher erläutert werden.

Besonders bei Smartphones oder Kleinstcomputer, die sich vor allem im Businessbereich wachsender Beliebtheit als nützliches Hilfswerkzeug zur Verwaltung von Terminen und persönlichen Daten erfreuen, würde dies für eine neue Form von

---

[11] Vgl. Wiese (2002), S. 6 ff.
[12] Vgl. Loshin (2004), S. 59

Kommunikation sorgen. Mittels des neuen Features „Mobile-IPv6" könnten folglich Anrufe auf die Festnetznummer kostenfrei mittels Voice-over-IP (VoIP) an das Flatrate-UMTS-Handy weitergeleitet werden. Neben Kostenvorteilen würde so eine Aufwertung des Telefonkomforts erreicht.[13]

Normalerweise würden besagte Endgeräte wie Blackberrys einem technischen Problem unterliegen. Bei einer mobilen Einbuchung in ein Hotel-WLAN oder in ein UMTS-Netz würden diese eine andere IPv6-Adresse als das heimische Intranet erhalten. Mobile-IPv6 stellt sicher, dass das Gerät dennoch unter der bekannten Adresse erreichbar ist. Dies wird durch die Einwahl des mobilen Geräts auf einem im heimischen Router implementierten Home-Agent bewerkstelligt. Der Home-Agent nimmt zusätzlich die heimische IPv6-Adresse des mobilen Gerätes an und tunnelt alle Pakete an die aktuelle IP-Adresse des Geräts.[14]

Obwohl das eigentliche Mobilnetz IPv6 nicht unterstützen muss, sondern lediglich das Endgerät, um diese Funktion nutzen zu können, ist es in der Praxis noch nicht einsetzbar, da die gängigen Betriebssysteme wie Windows-Vista den Mobile-IPv6-Standard noch nicht beherrschen. Die großen Mobilfunkanbieter üben zudem auf die Handyhersteller enormen Druck aus, besagte Funktionen nicht in die Modelle einzupflegen, da ihr Geschäftskonzept bei erfolgreicher Etablierung von VoIP in Verbindung mit Mobile-IPv6 überflüssig wird.

3.2. Sicherheitsaspekte

Das Thema Sicherheit hat in den letzten Jahren angesichts von Datenaffären wie jüngst bei der deutschen Telekom und der zunehmenden Vermarktung aufbereiteter Konsumentendaten für Marketingzwecke oder gestiegener Gefahr von Hackerangriffen an Bedeutung gewonnen. Nachdem ein verlässlicher Schutz bei IPv4-Strukturen mit zusätzlicher Software wie Firewalls oder der Verwendung von Proxy-Servern zu realisieren war, beabsichtigen die Entwickler von IPv6, bereits über das Protokoll selbst für adäquate Sicherheitsverhältnisse zu sorgen. Hierfür stehen zwei Instrumente zur Verfügung: einerseits der Authentication Header, der einen zusätzlichen

---

[13] http://www.ibr.cs.tu-bs.de/courses/ws0203/skm/articles/jed mobileipv6.pdf, Stand: 20.5.2009
[14] http://www.zdnet.de/it business technik was bringt ipv6 und was bringt es ihnen story-11000009-2110133-1.htm, Stand: 15.5.2009

Authentifikationsmechanismus bereitstellt, andererseits das Encapsulating-Security-Payload (ESP), das eine Verschlüsselung der Daten vor dem Versenden vornimmt.[15]

Die Aufgabe des Authentication Headers liegt im Wesentlichen in der Überprüfung der Daten auf Verfälschung während des Transportes und der Verifizierung des korrekten Kommunikationspartners. In Zusammenarbeit eines kryptographischen Algorithmus mit einem zugehörigen Schlüssel, der beiden Beteiligten bekannt ist, wird aus einer Funktion ein Hashwert ermittelt. Stimmt der erzeugte Wert nicht mit dem per Datenübertragung empfangenen überein, wurde die Nachricht verfälscht. Der Authentifizierungsmechanismus versendet seine Nutzdaten allerdings unverschlüsselt. Die Codierung dieser Daten ist die Aufgabe des ESP.

Das ESP führt eine Verschlüsselung nach möglichen Verfahren durch. Im Transportmodus wird davon ausgegangen, dass die beiden Kommunikationspartner, z. B. zwei Heim-PCs, einander nicht kennen bzw. keinen eigenen Schlüssel füreinander definiert haben. Per Einschaltung eines Trust-Centers wird eine zeitlich befristeter Schlüssel für die Kommunikationspartner generiert. Da für die Codierung größere Kapazitäten der CPU reserviert werden müssen, könnten hier für private Verbraucher zusätzliche Hardwarekosten entstehen. Der IP-Header bleibt allerdings ungesichert und könnte von Hackern weiter ausgelesen werden. Dies ist beim Tunnelmodus nicht der Fall, weswegen sich dieser vornehmlich für die Verwendung im professionellen B2B-Bereich anbietet. Hier werden außer dem Vorliegen einer Kommunikation zwischen zwei Routern keine weiteren Informationen nach außen preisgegeben.[16]

3.3. Interessengruppen gegen IPv6

Der angestrebte Wechsel auf IPv6 wird allerdings nicht von allen mit Begeisterung aufgenommen. Es gibt diverse Interessengruppen, die versuchen, eine allzu schnelle Umsetzung der neuen Protokollversion zu verhindern, oder im Verhältnis auf die zu erwartenden Umstellungskosten zu geringe Vorteile sehen. Zum einen wären an dieser Stelle die Unternehmen zu nennen, deren Geschäftsmodelle unter einer verstärkten Nutzung internetgestützter Dienste leiden würden, wie die bereits erwähnten Telefongesellschaften, die durch VoIP langfristig überflüssig werden.

---

[15] Vgl. Hein, Reisner (2003), S. 82 f.
[16] Vgl. Hagen (2006),S. 101 ff.

Zum anderen fürchten Unternehmen generell weitere Anschaffungskosten für IPv6-fähige Hardware. Im vergangenen Jahrzehnt sind horrende Summen für die Anschaffung hausinterner Rechenzentren und die Realisierung von Netzwerk- und Sicherheitskonzepten geflossen. Auch die parallel hierzu beschafften Tools und Monitoringprogramme sind IPv4-spezifisch, nicht zuletzt wegen der vorherrschenden Strategie der Gewinnmaximierung, bei der in Quartalsabschnitten weitere Investitionen in IT-Projekte getätigt werden, deren Ergebnisse sich erst in mehreren Jahren zeigen.

Überdies gibt es berechtigte Zweifel an der angepriesenen Sicherheit. Es existieren noch keine preiswerten Out-of-the-Box-Lösungen für IPv6, weswegen sich Unternehmen noch scheuen, einem Server eine öffentliche IPv6-Adresse zu geben. Durch Mittel wie dem aus IPv4 übernommenen Internet Protocol Security in Verbindung mit Firewalls lässt sich zwar ein ähnlicher Schutz wie bei privaten Adressen verwirklichen, zu groß ist allerdings die Ungewissheit bisher unerkannter Sicherheitslücken in Anbetracht einer noch nicht erprobten neuen Technologie.

Probleme für den Sektor der privaten Heimanwender ergeben sich vornehmlich wegen der erwähnten Datenschutzprobleme. Diese resultieren aus einer der großen Stärken von IPv6, die darin besteht, jedem Anwender eine eigene statische IP-Adresse zusichern zu können. Bei erfolgreicher Zuordnung der IP-Adresse, unerheblich ob auf legalem oder illegalem Wege, zu einer konkreten Anschrift oder Identität könnte es zu umfangreichen Datensammlungen der überwachten Person kommen. Datenmissbrauch bisher ungekannten Ausmaßes wäre die Folge, falls es den Providern nicht gelingt, die Integrität der Internetleitungen zu garantieren.[17]

---

[17] http://www.zdnet.de/sicherheit in der praxis ipv6 fuer alle das internet von morgen schon heute nutzen story-39001543-39201232-9.htm, Stand: 8.5.2009

4. Migration von IPv4 auf IPv6

Es stellt sich die Frage, wie eine Migration der Systeme von Hunderten Millionen Privatnutzern, der Infrastruktur der Provider, der IT-Landschaften von Unternehmen und nicht zuletzt internetbasierter Produkte möglichst reibungsfrei von IPv4 nach IPv6 zu bewerkstelligen wäre. Eine schlagartige Umstellung beispielsweise an einen festgelegten Stichtag wäre organisatorisch nicht umsetzbar und aufgrund unvorhersehbarer Implementierungsschwierigkeiten des noch nicht flächendeckend erprobten IPv6 nicht zu verantworten. Angesichts eines möglichen Totalausfalles des Netzes, bedingt durch tief greifende Änderungen, würde ein gesamtwirtschaftlicher Schaden drohen, der eine übereilte Vorgehensweise völlig undenkbar werden lässt.[18]

Man hat sich deswegen für eine sogenannte sanfte Migration entschieden, deren Ziel die Schaffung einer Interoperabilität ist. Demnach soll ein Übergangszeitraum von mehreren Jahren festgelegt werden, in dem beide Protokollversionen parallel betrieben werden. Auf diesem Wege soll den einzelnen Nutzergruppen ein Wechsel auf die neue Version mittels jeweils favorisierter Strategie möglich sein. Das von Sun Microsystems ausgegebene RFC 2893 definiert in diesem Rahmen einige Eckpunkte einer erfolgreichen Migration auf IPv6 unter optimalem Kostenaufwand.[19]

Folglich sind nur bedarfsorientierte Upgrades vorgesehen. Es ist möglich, lediglich ausgewählte IPv4-Rechner und Router auf IPv6 umzurüsten, ohne zwangsweise ganze Netzwerke zu wandeln. Einzige zu erfüllende Bedingung ist die Umrüstung der Domain-Name-Server (DNS) auf den neuen Standard. Netzwerkadministratoren müssen zudem nicht zwingend ein neues Adressierungsschema entwickeln, da IPv4-Adressen beibehalten werden können. Diese Zugeständnisse an die Nutzer sollen eine schonende Verteilung der anfallenden Kosten auf mehrere Jahre erlauben. Ein Beispiel dafür, welch großzügige Integrationszeiträume Provider für IPv6 vorgesehen haben, zeigt die Migrationsstrategie der österreichischen Telekom in Abbildung III. Hier wurde bereits 1992 mit der Arbeit an einer Umsetzung des neuen Protokolls begonnen und eine Einführung auf dem Massenmarkt erst für 2010 angesteuert.

---

[18] http://docs.sun.com/app/docs/doc/820-2980/ipv6-overview-7?l=de&a=view, Stand: 1.6.2009
[19] Vgl. Amoss, Minoli (2007), S. 17 ff.

- 13 -

Abbildung III: Zeitplanung Telekom-Österreich,   **Quelle: Telekom Austria**

Zu beachten ist, dass das Zeitfenster für den Beginn einer erfolgversprechenden sanften Migration stetig kleiner wird. Besonders der schnell wachsende asiatische Raum drängt zum Handeln. Erste Länder wie die Volksrepublik China befürchten, dass der ihnen zugewiesene Adressraum bereits 2011 erschöpft ist. Wird nicht auf globaler Ebene zeitnah mit der Migration nach IPv6 begonnen, wäre es plausibel, dass sich die Weltgemeinschaft mit dem Tag X konfrontiert sieht, an dem der Restbestand an IP-Adressen aufgebraucht ist und entweder ein radikaler Umschwung auf IPv6 vollzogen werden muss oder ein weiteres Wachstum des Internets durch eine schonende und langfristige Migration behindert wird.[20]

4.1. Technische Umstellung

Eine Übergangsphase mit beiden IP-Versionen ist zur Vermeidung einer Migrationshysterie und potenziellen Ängsten, bei einer Stichtagsumstellung für einen Wechsel nicht ausreichend gerüstet zu sein, zwingend erforderlich. Zudem wird sie durch Implementierung einer IPv6-Unterstützung bei neuen Geräten in Verbindung mit regelmäßig anfallender Hardwarepflege, sowohl bei Unternehmen wie auch dem privaten Verbraucher, bedingt durch altersbedingte Ausfälle oder die wahlweise Verbesserung der Performance mittels Upgrades, für eine sukzessive Umstellung der genutzten IT-Struktur sorgen.[21]

---

[20] Vgl. Loshin (2004), S. 75 ff.
[21] Vgl. Wiese (2002), S. 298

Um die technischen Grundlagen für diesen Parallelbetrieb beider Versionen zu ermöglichen, stehen den Verantwortlichen vornehmlich drei Instrumente zur Verfügung. Diese bestehen aus den Dual IP Layern, dem Tunneling und der Erweiterung des Socks-Protokolls und sollen im Folgenden näher erläutert werden.

4.1.1. Dual IP Layer

Der Dual IP Layer bezeichnet die Möglichkeit eines Systems, zwei Protokollstacks gleichzeitig zu führen, und erlaubt infolgedessen die Unterstützung der Endgeräte für IPv4 und IPv6. Das entsprechende System kann somit selbstständig Pakete beider Versionen empfangen sowie versenden und macht die Anwendung von Kapselungstechniken wie dem Tunneling überflüssig.

Dies macht allerdings die Konfiguration der Geräte mit beiden Adressversionen erforderlich. Eine Auswahl an unterschiedlichen Verfahren bietet diesen sogenannten „IPv6/Ipv4-Rechnern" Freiheit bei der Wahl bereits installierter Adressserver. Diese TCP/IP-Stacks der nächsten Generation, die sich eine gemeinsame Transport- und Sicherungsschicht teilen, sind beispielsweise in Microsoft-Betriebssystemen seit Windows XP enthalten.[22]

4.1.2. Tunneling

In nahezu allen Netzwerken basieren die Routing-Strukturen immer noch auf der IPv4-Version. Diese Router-Netze auf IPv6 umzustellen würde allerdings einen längeren Zeitraum in Anspruch nehmen. Existierende Infrastrukturen wie Rechenzentren müssen aus diesem Grund in der Lage sein, den IPv6-Datenverkehr transparent zu vermitteln, um eine pausenlose IT-Unterstützung in Unternehmen zu gewährleisten. Dies soll über das Verfahren des Tunnelings realisiert werden, das in seiner Funktion den bereits existierenden IPv4-Tunneln ähnelt.[23]

Hierbei werden Daten zwischen Netzwerken, die über einen anderen Standard als IPv6 verbunden sind, ausgetauscht, indem die IPv6-Pakete in das vorherrschende Format verpackt bzw. umgewandelt werden und am Zielort wieder in ihre ursprüngliche Form zurückgewandelt werden. Diese Technik erlaubt die Kommunikation zwischen neuen

---

[22] Vgl. Amoss, Minoli (2007), S. 109 f.
[23] Vgl. Mun, Lee (2005), S. 118

IPv6-fähigen Routern bzw. Host-Systemen mit der alten vorhandenen IT-Architektur und ist somit ein weiterer Baustein, der einen Austausch der Hardware etappenweise ermöglicht.[24]

4.1.3. Erweiterung des SOCKS-Protokolls

Das dritte Verfahren zur Umsetzung eines Parallelbetriebes beider Protokollversionen, das Socket-Based-IPv4/IPv6-Gateway, ist für Unternehmen vor allem aus Kostengesichtspunkten höchst interessant. Da in diesem Fall eine Anpassung zwischen IPv4 und IPv6 auf der Socket-Schicht erfolgt, erlaubt es die etablierte IPv4-basierte Applikationsstruktur, die vorhandene Systemlandschaft weiterhin zu nutzen und trotzdem IPv6-fähig zu werden. Eine Abänderung der Programmquellcodes entfällt daher ebenso wie ein erneutes Übersetzen der Anwendungen.

Dies wird durch die Einführung einer SOCKS-Library-Schicht aufseiten des Clients realisiert, die dynamische API-Aufrufe an ein Gateway weiterleitet. Dieses verfügt wie beim Dual IP Layer über einen doppelten Protokoll-Stack und stellt das Bindeglied zwischen IPv4 und IPv6 dar. Client und Gateway kommunizieren über „Fake-IP-Adressen", deren Zuordnungen zu den tatsächlich extern verwandten IP-Adressen in einer Tabelle des Gateways hinterlegt sind. Auch wenn das Verfahren die alten Systemstrukturen weiterhin nutzbar hält, kann es vor allem bei größeren Unternehmen aufgrund der hohen Clientenanzahl zu einem entsprechenden Koordinationsbedarf des Gateways kommen, der sich in Performanceproblemen zeigen kann.[25]

4.2. Umfang des Wandlungsaufwandes

Die Frage des sich aus einer IPv6-Migration ergebenden Kostenaufwandes ist vornehmlich für die Seite der Unternehmen von Bedeutung. Die finanzielle Belastung für den Privatverbraucher fällt überschaubar aus, da meist ohnehin in regelmäßigen Zeitabständen Endgeräte erneuert werden, bedingt durch stetig anwachsende Breitbandanschlüsse oder die Aufwertung der Hardware, um aktuelle Unterhaltungsangebote wahrzunehmen. Der Wandlungsaufwand beschränkt sich daher in einem Durchschnittshaushalt auf die eventuelle Anschaffung eines neuen PC-Systems und eines neuen Routers.

---

[24] Vgl. Hein, Reisner (2003), S. 423
[25] Vgl. Mun, Lee (2005), S. 115 ff.

Unternehmen hingegen sind gezwungen, umfangreiche IT-Landschaften mit unzähligen Workstations, Serveranlagen und im täglichen Arbeitsablauf verwandten Arbeitsprogrammen zu erneuern. Da der genaue Umfang von Unternehmen zu Unternehmen unterschiedlich ist und von Faktoren wie der Branchenzugehörigkeit oder den Informationsansprüchen vonseiten des Managements und hiermit einhergehendem Aufbereitungsaufwand der Daten verbunden ist, kann ein Kostenrahmen an dieser Stelle nicht pauschal bestimmt werden. Nachfolgender loser Fragenkatalog, der nach Themenfeldern sortiert ist, soll jedoch einen Anhaltspunkt bieten, um eine erste Abschätzung des Migrationsaufwandes im jeweiligen Fall zu ermöglichen:

Finanzen:

- Stehen finanzielle Mittel für eine Migration zur Verfügung?
- Mit welchen realen Kosten ist bei endgültiger Migration zu rechnen?
- Würde der tägliche Arbeitsablauf durch Umstellungsarbeiten behindert?

Personal:

- Welche personellen Ressourcen müssen zur Verfügung gestellt werden?
- Wie können alle IT-Mitarbeiter auf das neue Protokoll umgeschult werden?
- Zu welchem Zeitpunkt ist das Ende der Test- bzw. Migrationsphase vorgesehen?

Technik:

- Welche bestehenden Netzkomponenten können nicht migriert und müssen ausgetauscht werden? (z. B. Komponenten zu alt, Hersteller vom Markt)
- Welche neuen Hard- und Softwarekomponenten müssen angeschafft werden?
- Welcher Zeitaufwand wurde zur vorherigen Integration des IPv4-Netzes benötigt?

Organisation:

- Ist ein Parallelbetrieb von IPv4 und IPv6 vorgesehen?
- Sollen zusätzliche Funktionen gleichzeitig eingeführt werden? (z. B. QoS)
- Wie soll eine Dokumentation des neuen Protokollkonzepts aussehen?

Von entscheidender planerischer Bedeutung ist zudem die Frage, ob zunächst nur das alte Firmennetz mit einem Mindestaufwand lediglich IPv6-ready gemacht werden soll oder ob die Einrichtung eines grundlegend neuen IPv6-basierten Netzwerkes vorgesehen ist. Im ersteren Fall verteilen sich die anfallenden Kosten zwar auf einen längeren Zeitraum, würden aber aufsummiert den Preis einer grundlegenden Neustrukturierung übersteigen. Der Grund hierfür liegt darin, dass stetig neue Projekte zur Umstellung einzelner IPv4-basierter Programme angestoßen werden müssten sowie durch die unzähligen Kleinsteingriffe in das System die Übersichtlichkeit mindern.[26]

Bei der Planung eines komplett neuen IPv6-Netzwerkes sollte vom zuständigen Projektteam zudem bei den Zuliefererfirmen, z. B. Anbietern von Backbonekomponenten, oder anderen Kooperationspartnern wie extern ausgelagerten Rechenzentren bezüglich Referenzinstallationen nachgefragt werden. Hiermit lassen sich durch Synergieeffekte oder externe Expertisen weitere Kosteneinsparungspotenziale realisieren. Auch die Installation von Testnetzen sollte unbedingt in Betracht gezogen werden, um mögliche Probleme bezüglich der Ressourcen des Managements, auftretender Konfigurationsfehler, Performanceschwächen oder Sicherheitslücken weitestgehend zu unterbinden. Des Weiteren ist eine umfangreiche und detaillierte Dokumentation mit einzuplanen, um einen reibungslosen Übergang nach IPv6 zu gewährleisten.[27]

4.3. Bisherige Akzeptanz von IPv6

Trotz der dargelegten Möglichkeiten, das Internet des 21. Jahrhunderts bezüglich Leistung und Organisation zu verbessern, ist die bisherige Akzeptanz von IPv6 verschwindend gering. Ende 2008 betrug der Anteil des IPv6-Tunnelverkehrs in Bezug auf den gesamten Datenverkehr im World Wide Web, immer noch weit weniger als 1 %. Die Gründe hierfür sind vielfältig. Aufseiten der Anbieter ist vor allem die bereits aufgezeigte Kostenfrage hervorzuheben. Ein Umstieg auf IPv6-fähige Hardware und IT-Strukturen würde kurzfristig lediglich Kosten verursachen und keine bahnbrechenden Vorteile für die meisten internetbasierten Geschäftsmodelle bieten.[28]

---

[26] http://www.monitor.co.at/index.cfm/storyid/10646 Der kritische Pfad-Worauf IT-Spezialisten bei IPv6 achten sollten/pagenr/2, Stand: 22.5.2009
[27] http://www.sanog.org/resources/sanog8/sanog8-ipv6-transition.pdf, Stand: 11.5.2009
[28] http://www.zdnet.de/it business technik vor ipv6 liegt ein steiniger weg story-11000009-2110128-1.htm, Stand: 11.5.2009

18

Der überwiegende Teil der Endnutzer und Konsumenten ist in der Regel nicht technisch versiert genug, um die Vorteile von IPv6 abschätzen zu können, sofern dank mangelnder Öffentlichkeitsarbeit zur Aufklärung dieser Anwendergruppe überhaupt irgendwelche Kenntnis der Protokollmodernisierung besteht. In den USA wird deshalb schon seit 2007 über eine von staatlicher Seite gesteuerte und koordinierte Einführung des IPv6 diskutiert, um der Migrationsträgheit der Unternehmen Herr zu werden. Als aussichtsreichste Strategie wird hier die Umstellung sämtlicher öffentlichen Systeme inklusive des Militärapparats angesehen, um eine sukzessive Folgeentwicklung im privaten Sektor zu initiieren.[29]

In Asien wurden bereits Maßnahmen zur Förderung umgesetzt. So locken bspw. öffentliche Subventionsmittel oder Steuervergünstigungen für IPv6-Pioniere. Als Region mit den größten Defiziten im Bereich der Zuweisung von bestehenden IPv4-Adressen ist eine solche Vorgehensweise in Asien aus Besorgnis um eine baldige Stagnation im E-Business nachvollziehbar. Untätig geblieben ist man von Regierungsseite bisher lediglich im europäischen Raum. Von der drohenden IPv4 Adressraumknappheit im Vergleich zum asiatischen Raum sanft getroffen sieht man hier offenbar keinen Handlungsbedarf, der die nötigen finanziellen Mittel rechtfertigt.[30]

4.4. Nutzwertanalyse aus Unternehmenssicht

Um die zentralen Unterschiede der beiden Protokollversionen nochmals in kompakter Form gegenüberzustellen, sollen im Folgenden anhand des praktischen Beispiels einer vereinfachten, von Unternehmensseite durchgeführten Nutzwertanalyse der beiden Protokollversionen die wesentlichen Merkmale einer Bewertung unterzogen werden.

Die verschiedenen Kriterien wurden bezüglich ihrer Gewichtung für einen funktionierenden Geschäftsbetrieb mit unterschiedlichen Faktoren versehen. Im jeweiligen Kriterium ist eine Bewertung von 1-10 möglich, wobei 10 als bestmögliche Wertung anzusehen ist. Verständlicherweise muss die hier durchgeführte Analyse als stark vereinfacht angesehen werden. Die Berücksichtigung sämtlicher beeinflussender Faktoren wie bspw. die Branchenzugehörigkeit des jeweiligen Unternehmens oder die bereits aufgeworfene Frage der jeweiligen regionalen Ansässigkeit und der damit

---

[29] http://www.swissitmagazine.ch/index.cfm?pid=6993&pk=164586, Stand: 1.6.2009
[30] Vgl. Hagen (2006), S. 10 ff.

verbundenen Zugriffsmöglichkeiten auf den IPv4-Adressraum würden den Rahmen dieser Arbeit sprengen.

Kriterium	IPv4	IPv6
Performance **Faktor: 0,5**	Adressraumknappheit, überholte Programmierstruktur Wertung: 5	Erweiterung Adressraum, verbesserte Echtzeitübertragung, Wertung: 10
Sicherheit **Faktor: 1,0**	Firewalls oder Proxys benötigt, Protokoll allein unsicher Wertung: 5	Authentication Header, Encapsulating-Security-Payload Wertung: 10
Zuverlässigkeit **Faktor: 0,8**	Seit Jahrzehnten bewährt, Schwachstellen bekannt Wertung: 9	Fehlende flächendeckende Tests, keine Garantie für Fehlerfreiheit Wertung: 5
Kosten **Faktor: 0,7**	Nutzung der alten Strukturen, günstige Übergangsmethoden Wertung: 9	Anschaffung neuer Hardware, Umschulung des IT-Personals Wertung: 5
Akzeptanz **Faktor: 0,4**	Über 99 % des Internettraffic, IT-Personal hierauf ausgebildet Wertung: 10	Noch nahezu keine Bedeutung, fehlendes Fachwissen zu IPv6 Wertung: 3
Ergebnis	25	23,7

Abbildung IV: Nutzwertanalyse IPv4/IPv6 aus Unternehmersicht

Das hier unterstellte Ergebnis einer möglichen Nutzwertanalyse spiegelt die momentane Lage des Gros der Unternehmenslandschaft wider. IPv6 kann im Bereich von Sicherheit und Performance seine Stärken dank der diversen vorgestellten Neuerungen ausspielen. Jedoch lassen die horrenden Unsicherheiten in Bezug auf dessen Zuverlässigkeit aufgrund noch nicht vorliegender flächendeckender Erprobungen des neuen Protokolls, wie auch die Vorstellung, durch mittelfristig weitere Verwendung von IPv4-Strukturen vermeidbar unnötige Kostenaufwände vorerst hinauszögern zu können, IPv4 beim Großteil der Verantwortlichen als die attraktivere Variante erscheinen.

Hinzu kommt die Problematik des geringen Verbreitungsgrades von IPv6 und damit einhergehend niedriger Akzeptanzwerte. IPv6 befindet sich hierdurch in einem

20

Teufelskreis, da erst eine zunehmende Verbreitung bei Zulieferern oder Geschäftspartnern einen Druck zur Migration bei den jeweiligen Unternehmern aufkommen lassen würde, andererseits aber niemand aus Angst vor unnötig betriebenem Aufwand den Anfang in dieser Entwicklung machen will.

Bei Betrachtung des Gesamtbildes kann daher IPv6 in der momentanen Situation nicht als klarer Sieger gegenüber IPv4 angesehen werden und unterliegt in der dargelegten Analyse sogar geringfügig. Diese Momentaufnahme kann allerdings nicht über die Tatsache hinwegtäuschen, dass langfristig eine Umstellung auf IPv6 unumgänglich ist. Sie gibt allerdings einen groben Einblick, warum viele Unternehmen auf dem alten Standard verharren.

Die Durchführung einer separaten Nutzwertanalyse aus Sicht der Konsumenten wird an dieser Stelle als obsolet angesehen. Der durchschnittlich informierte Endverbraucher ist sich im Regelfall der zugrunde liegenden technischen Umsetzung eines von ihm nachgefragten Angebots oder Dienstes nicht bewusst und konsumiert daher nicht in Abhängigkeit vom Anbieter genutzter technischer Verfahren, sondern der angebotenen Features bzw. Ausstattungsmerkmale. Ändern sich die technischen Voraussetzungen der von seiner Seite nachgefragten Produkte, bleibt ihm ohnehin keine andere Wahl, als auf die neuen Verfahren umzusatteln, in diesem Fall IPv6, um weiterhin von den Produkten profitieren zu können.

5. Fazit

Es ist unbestreitbar, dass die Zukunft des Internets in IPv6 liegt, zum einen aufgrund des stetigen Wachstums des Electronic Business, das mit konstanten Wachstumszahlen im Bereich des Electronic Commerce und neuen Entwicklungen wie dem Mobile Commerce sukzessive an Bedeutung gewinnt, zum anderen stellt der zunehmende Bedarf an Konnektivität und ortsunabhängigen Kommunikationsformen im privaten Endanwenderbereich das Internet im 21. Jahrhundert vor völlig neue Herausforderungen. Dies ist mit dem gealterten IPv4-Standard nicht in zufriedenstellender Weise zu bewältigen. Der zur Neige gehende Adressraum zeigt exemplarisch, dass das Internet in seiner bisherigen Form an seinen Grenzen angelangt ist.

Ungeachtet der Tatsache, dass IPv6 trotz vielversprechender Möglichkeiten bisher keinen nennenswerten Zuspruch unter den verschiedenen Zielgruppen verzeichnen konnte, ist eine flächendeckende Migration auf die neue Version mehr denn je geboten. Die bis dato fehlende Bereitschaft zur Umstellung bedingt sich nicht durch mangelnde Perspektiven des Konzepts, sondern ist vor allem im Bereich der Unternehmen im Regelfall das Ergebnis einer auf kurzfristige Optimierung ausgelegten Kostenpolitik und fehlendem Verständnis für die langfristige Bedeutung eines technischen Wandels.

Vor allem in Europa, aber auch den USA wiegt man sich sowohl auf staatlicher Ebene als auch bei den Verantwortlichen der Wirtschaft aufgrund einiger in den frühen Endstehungsjahren des Internets geschaffenen Adressreserven, die bisher keine regelmäßige Verwendung fanden, in einer trügerischen Sicherheit. Doch angesichts der Investitionsvolumen westlichen Kapitals in asiatische Märkte und damit einhergehender Hoffnung auf wirtschaftliches Wachstums und Renditen ist es fraglich, wie lange eine solche passive Haltung aufrechterhalten werden kann. Bereits in zwei Jahren werden die letzten Adressreserven des asiatischen Raums aufgebraucht sein und damit für eine Stagnation des Wachstums im Bereich des E-Business führen. Betrachtet man die benötigte Vorlaufzeit einer geordneten Migration auf IPv6, bietet sich den digitalisierten Informationsgesellschaften des 21. Jahrhunderts zurzeit die letzte Möglichkeit, auf den richtigen Zug aufzuspringen, bevor nur noch übereilte Konzepte mit nicht absehbaren wirtschaftlichen Konsequenzen greifen könnten.

6. Abbildungsverzeichnis

7. Quellenverzeichnis

Literatur:

- Amoss,   Amoss, John; Minoli, Daniel: IPv4 to IPv6 Transition

  Minoli   Methologies for Institutional and Corporate Networks, 1. Auflage,

  (2007)   Taylor & Francis Group, New York 2007

- Haaß   Haaß, Wolf-Dieter: Handbuch der Kommunikationsnetze,

  (1997)   1. Auflage, Springer-Verlag, Berlin 1997

- Hagen   Hagen, Silvia: IPv6 Essentials, 2. Auflage, O'Reilly-Verlag,

  (2006)   London 2006

- Hein, Reisner   Hein, Mathias; Reisner, Michael: IPv6 Das Migrationsbuch,

  (2003)   1. Auflage, Franzis-Verlag, Berlin 2003

- Loshin   Loshin, Peter: IPv6 Theory, Protocol and Practice, 2. Auflage,

  (2004)   Morgan Kaufmann, 2002 New York

- Mun, Lee   Mun, Youngsong; Lee, Hyewon: Understanding IPv6, 1. Auflage,

  (2005)   Springer-Verlag, Berlin 2005

  1. Auflage, Cornelson-Verlag, Essen 2004

- Tannenbaum   Tannenbaum, Andrew S.: Computernetzwerke, 3. Auflage, Markt

  (1998)   und Technik Verlag, Berlin 1998

- Wiese   Wiese, Herbert: Das neue Internetprotokoll IPv6 Mobilität,

  (2002)   Sicherheit, unbeschränkter Adressraum und einfaches

  Management, 1. Auflage, Hanser Verlag, Berlin 2002

Internet:

Kapitel 2:

- Hentschke, Thomas (2009): Grundlagen IPv4, URL: http://www7.informatik.uni-erlangen.de/~ksjh/teaching/03S/IPv6/pdf/Vortraege/GrundlagenIPv4-Ausarbeitung.pdf, Stand: 1.6.2009

Kapitel 3:

- Jed, Karim El (2003): Mobile IPv6   Mobilität im zukünftigen Internet, URL:
  http://www.ibr.cs.tu-bs.de/courses/ws0203/skm/articles/jed_mobileipv6.pdf, Stand:
  20.5.2009

- Schlesinger, Lee (2002): Was bringt IPv6   und was bringt es Ihnen?, URL:
  http://www.zdnet.de/it_business_technik_was_bringt_ipv6_und_was_bringt_es_ihn
  en_story-11000009-2110133-1.htm, Stand: 15.5.2009

- Hochstätter, Christoph H. (2009): IPv6 für alle   Das Internet von morgen schon
  heute nutzen,
  URL: http://www.zdnet.de/sicherheit_in_der_praxis_ipv6_fuer_alle_das_internet_v
  on_morgen_schon_heute_nutzen_story-39001543-39201232-9.htm, Stand: 8.5.2009

Kapitel 4:

- Sun Microsystems (o. J.): Systemverwaltungshandbuch   IP Services, URL:
  http://docs.sun.com/app/docs/doc/820-2980/ipv6-overview-7?l de&a view, Stand:
  1.6.2009

- Lochmaier, Lothar (2008): Worauf IT-Spezialisten bei IPv6 achten sollten, URL:
  http://www.monitor.co.at/index.cfm/storyid/10646_Der_kritische_Pfad-Worauf_IT-
  Spezialisten_bei_IPv6_achten_sollten/pagenr/2, Stand: 22.5.2009

- Asadullah, Salman (o. J.): IPv6 Co-existence & Integration,
  URL: http://www.sanog.org/resources/sanog8/sanog8-ipv6-transition.pdf,
  Stand: 11.5.2009

- Vaughan-Nichols, Steven J. (2002): Vor IPv6 liegt ein steiniger Weg, URL:
  http://www.zdnet.de/it_business_technik_vor_ipv6_liegt_ein_steiniger_weg_story-
  11000009-2110128-1.htm, Stand: 11.5.2009

- Huber, Alina (2008): Minimaler IPv6-Anteil an Internetverkehr, URL:
  http://www.swissitmagazine.ch/index.cfm?pid 6993&pk 164586, Stand: 1.6.2009